LUCE DE LANCIVAL.

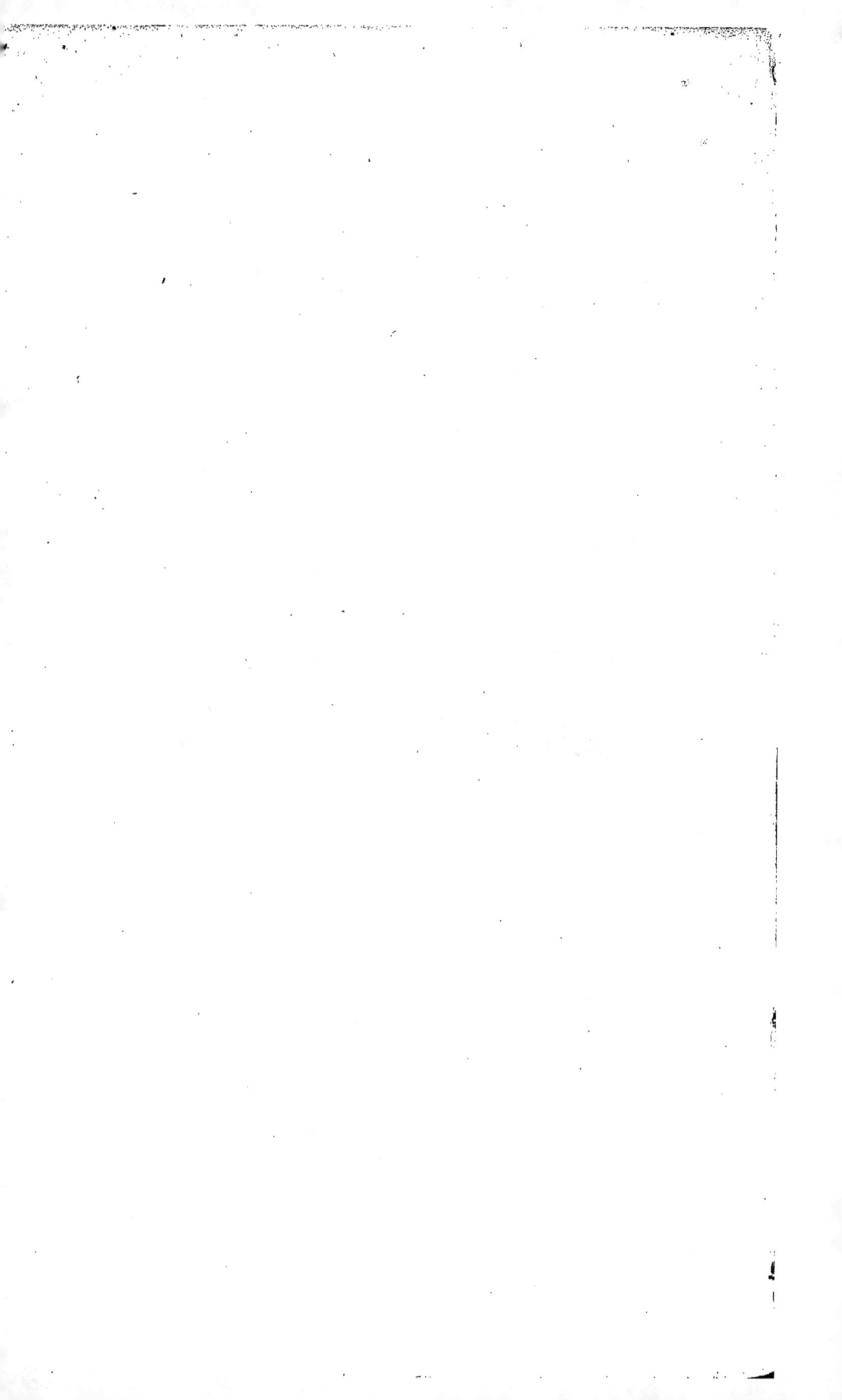

SOCIÉTÉ ACADÉMIQUE DE LAON.

Séance du 10 février 1852.

DISCOURS DE RÉCEPTION

De M. **HIPPOLYTE GRELLET**, Président du Tribunal.

LUCE DE LANCIVAL.

LAON.

IMPRIMERIE DE ÉD. FLEURY ET AD. CHEVERGNY,

Rue Sérurier, 22.

1852.

SOCIÉTÉ ACADÉMIQUE DE LAON

Séance du 10 février 1852.

Discours de réception de M. Hippolyte GRELLET,
Président du tribunal.

LUCE DE LANCIVAL.

Messieurs ,

Vos statuts n'imposent point à ceux que vous honorez
de vos suffrages la solennité d'un discours de réception ;
je le sais, et pourtant, moi nouveau venu dans ce beau
et généreux pays, j'ai besoin de vous remercier des lettres
de grande cité que vous avez bien voulu m'accorder en
me jugeant digne de m'associer à vos travaux. C'est une
autre adoption qui se confond dans mon cœur , en y

ajoutant un nouveau prix, avec l'adoption si honorable
et si douce que m'ont conférée dès le premier jour, avec
tant de bienveillance, les excellents collègues que j'ai eu
le bonheur de trouver ici pour l'administration de la
justice.

En prenant place au milieu de vous, Messieurs, j'inter-
roge tout d'abord la pensée patriotique, éminemment
utile, qui a présidé à la fondation de cette société, et je
me demande par quel tribut, autre que ma bonne vo-
lonté et mon dévouement, je pourrai m'acquitter envers
elle.

« Contribuer au développement des sciences, des
» belles-lettres et des arts, décrire et conserver les
» monuments de l'antiquité et du moyen-âge, recueillir
» et publier les matériaux qui peuvent servir à l'histoire
» de ce département, encourager enfin toute publication
» utile » : c'est là, Messieurs, un beau programme,
digne de la tête intelligente qui l'a conçu, et qui doit
stimuler autour de vous toutes les jeunes et nobles ému-
lations. J'y trouve tout ce qui a fait le charme et le
bonheur de ma vie dans les trop rares moments de
liberté que m'ont laissés les austères devoirs de la famille
et de la magistrature. Mais les sciences dans ce qu'elles
ont de technique, les arts dans leurs procédés, me sont
restés presque étrangers, et je fais un très-faible archéo-

logue. Dans ce pays où la science, appliquée à l'industrie, a produit ou fait découvrir de merveilleuses richesses, dans cette société où je vois au premier rang l'habile ingénieur, savant par droit de naissance, qui trace vos routes et dirigera bientôt, nous l'espérons, le chemin de fer destiné à relier avec Paris la citadelle de Laon, (1) que pouvons-nous, hommes de cabinet, courbés que nous sommes sous le poids des affaires que chaque jour apporte, que pouvons-nous, sinon applaudir aux résultats en nous déclarant incompétents pour juger les travaux intellectuels qui les ont préparés? A ces hommes d'élite, de rechercher les ressorts compliqués de la lampe, de les simplifier, de les remplacer; à nous, de jouir de la lumière qu'ils ont faite.

L'archéologie aussi, vers laquelle vous voulez, avec grande raison, que se tournent les esprits appliqués et sérieux, est une science encore hérissée de doutes et de problêmes, mais une science qui charme et subjugue ceux qui ont mordu à ses premiers éléments, car elle donne la certitude et une conclusion à l'histoire : étude infinie et, dans ses obscurités même, toujours pleine et quelquefois palpitante d'intérêt pour ses élus, à laquelle

(1) M. Tarbé de Vauxclairs, ingénieur en chef des ponts-et-chaussées, fils de M. Tarbé, ancien inspecteur-général, mort pair de France.

l'illustre , patiente et à jamais regrettable congrégation
de Saint-Maur avait ouvert les larges voies où elle est
entrée depuis, et qui, en définitive, a doté la France des
premiers historiens de ce temps, des Barante, des Augus-
tin Thierry, des Guizot. Et quel autre département offre
un champ plus riche à ces curieuses recherches qui ont
pour objet l'histoire nationale écrite et retrouvée sur les
monuments et dans les chartes ? Toutes nos vieilles chro-
niques sont là, le royaume de Soissons de la première
race, l'émancipation des Communes dans la lutte achar-
née et terrible de l'évêque Gaudry et des serfs de la
seigneurie de Laon, toutes nos guerres, depuis la domi-
nation romaine et l'invasion des Francs jusqu'à Napoléon
livrant, en 1814, à Craonne l'un de ses derniers et héroï-
ques combats. — Heureux qui a le loisir de fouiller dans
cette féconde poussière des vieux âges ! plus heureux
qui pourrait vous rapporter le fruit de ses laborieuses
veilles !

Vous aurez, Messieurs, dans votre nouveau collègue
un collaborateur peu utile, mais dévoué à cette partie de
la science historique, que vous vous êtes donné à défri-
cher. Dans ses journées envahies par des intérêts présents
et plus positifs, le temps, non le zèle, lui manquera pour
vous aider à soulever cette couche d'ignorance qui re-
couvre encore le sol de la plupart de nos provinces et à

remettre en lumière le vieux monde gothique et romain que, chaque jour, nous foulons sans respect sous nos pieds.

Mais aux esprits moins graves vous ouvrez de plus riantes perspectives et des études plus faciles. Les lettres entrent aussi dans le domaine que vous vous êtes assigné, et à ceux qu'elles entraînent et séduisent par leurs charmes divins, vous pouvez montrer le berceau de La Fontaine et de Racine, ces deux maîtres inimitables de la langue et de la poésie française. La Fontaine! Racine! il ne faut pas seulement aller en pélérinage aux lieux qui les virent naître; c'est devant leurs images sacrées qui seront bientôt, je vous en adjure, la plus noble décoration de cette enceinte, qu'il faut s'arrêter et s'incliner avec le respect qu'on doit aux aïeux. S'ils appartiennent par leurs œuvres immortelles à la France entière et au grand siècle dont ils furent l'ornement, c'est la vertu de cette terre qui les a enfantés; c'est ici, non loin de vous du moins, dans ce vaste département que l'Aisne baigne et féconde, qu'ils ont senti les premières aspirations de leur génie; ils sont donc vôtres d'abord, et l'orgueil de la famille peut se mêler avec bonheur à votre admiration; d'autant plus grands, en effet, que les révolutions qui n'épargnent pas plus la langue et la littérature que les empires et les trônes,

n'ont fait que les affermir sur le piédestal où rayonne
leur gloire. Vainement des novateurs insensés ont voulu
briser, ébranler du moins la statue de Racine ; l'auteur
d'Athalie est resté, à côté du fabuliste, l'éternel et pur
modèle de toute poésie et comme le symbole du génie
tempéré par le bon sens et le goût, sans lesquels
toute œuvre littéraire, si étincelante d'esprit qu'elle soit,
brille et meurt comme l'étoile qui file et disparaît.

C'est au culte de ces demi-dieux du dix-septième siècle
qu'il faut, Messieurs, ramener notre studieuse jeunesse ;
c'est de ce lait de lionne qu'il la faut nourrir. — Ainsi
parlait au commencement de ce siècle, lorsque, comme
à présent, la société après tant de secousses cherchait à
se rasseoir, un homme d'un rare talent, à qui semblait
réservée la glorieuse mission de restaurer les fortes
études en rouvrant les sources antiques du beau, que
l'ignorance disait taries, un homme issu de l'ancienne
Université de Paris et que l'Université renaissante plaça
tout d'abord au premier rang de ses maîtres les plus
renommés. J'ai nommé Luce de Lancival, un de vos com-
patriotes ; car il était né à quelques lieues de notre
bonne ville de Laon. Sa mémoire, qui vous appartient,
qui entre dans votre patrimoine littéraire, m'est chère à
moi-même et précieuse à bien des titres ; je fus son élève,
j'ai presque dit son ami, et, dans ce jour solennel, en me

plaçant sous la protection de ce nom vénéré, illustre aussi, en vous rappelant sa vie trop courte et ses ouvrages trop oubliés, j'ai le bonheur de ne pas m'écarter du but de notre réunion.

Luce de Lancival était né à Saint-Gobain vers 1767. — Après avoir brillé, par d'éclatants succès, dans les concours de l'Université de Paris, il y occupait à vingt ans une chaire de rhétorique. Plus tard, engagé pendant quelques années dans les ordres sacrés, bien jeune encore, il fut vicaire-général du respectable évêque de Lescar en Béarn, M. de Noé, mort cardinal et évêque de Troyes, sous le Concordat de 1802. Luce de Lancival paya alors un juste tribut de reconnaissance à sa mémoire, par un excellent discours, couronné par la Société académique de l'Aube, où il célébrait dignement les talents et les vertus du prélat qui était devenu son ami. Cependant la révolution avait consommé entr'eux un irréparable divorce. Après que Dieu se fut retiré de nos temples démolis ou profanés, Luce de Lancival avait cherché dans les lettres un asile contre la persécution : quelques succès sur la scène tragique, contestés d'abord, le ramenèrent bientôt à l'enseignement, sa vocation première. La révolution du 18 brumaire le donna pour professeur de belles-lettres au collège de Louis-le-Grand, qui s'appelait alors le Prytanée, devenu plus tard le Lycée impérial.

C'est là, à cette époque de la renaissance des études, que, pendant dix ans, il a développé, par les préceptes et par l'exemple, toutes les rares qualités et les talents supérieurs qui, en 1808, le faisaient présenter par M. de Fontanes comme le professeur d'éloquence le plus distingué dont pût s'enrichir la nouvelle Université. Aujourd'hui, après quarante ans, il n'est pas un de ses élèves, depuis l'illustre M. Villemain qui, lui aussi, devait être une des gloires de l'enseignement public en France, jusqu'à l'humble orateur que vous écoutez en ce moment d'une oreille si bienveillante, qui ne s'attendrisse à son nom prononcé, regrettant les jours heureux, trop vite écoulés sous ce maître qui comprenait si bien et secondait de son esprit si pénétrant et si vif les généreux élans de notre jeunesse. C'est à lui que chacun de nous aurait pu dire, comme le poète Perse à son maître Cornutus :

« Habile à donner le change aux passions, votre règle
» sut redresser nos mœurs qui allaient se dépraver.
» Notre cœur, raffermi par la raison, se sentit pressé de
» se vaincre et prit bientôt sous votre main une figure
» nouvelle : »

> . . . . *fallere solers*
> *Apposita intortos extendit regula mores ;*
> *Et premitur ratione animus vincique laborat,*
> *Artificemque tuo ducit sub pollice vultum.*

Cependant, durant les courts loisirs que lui laissaient
les devoirs de sa chaire, Luce de Lancival, après avoir
traduit en vers pleins d'une verve élégante et facile, un
poëme de la décadence romaine, le poëme de Stace,
Achille à Scyros, préparait en silence le grand ouvrage
qui devait fonder sa renommée et lui promettre la posté-
rité ; c'était la tragédie d'Hector. L'empereur, entre deux
batailles, voulut en entendre la lecture, et un coup-d'œil
de ce génie universel avait suffi pour lui en faire voir les
beautés en même temps que les défauts qui déparaient
plusieurs scènes ; les défauts corrigés aussi vite que
signalés, Talma reçut l'ordre de hâter la première repré-
sentation. C'était en 1809 et le 1er février ; j'étais présent
à cette solennité littéraire et je ne l'oublierai jamais. Ce
qui ne s'était jamais vu au théâtre, à pareil jour, l'empereur y vint de sa personne, pour en assurer mieux le
succès, et (pardonnez à un souvenir qui me reporte à
mes plus belles années), je le vois encore applaudissant,
le premier, de ces mains puissantes qui tenaient la balance
de l'Europe et du monde, ces beaux vers dans lesquels
il semblait pressentir ses adieux de Sainte-Hélène au roi
de Rome :

> . . . . Dieux ! prenez sa défense.
> D'un Hector au berceau, dieux ! protégez l'enfance !
> Si l'ordre du destin nous sépare aujourd'hui,

Pour vous servir encor que je revive en lui !
S'il règne, qu'il soit juste et, s'il le faut, sévère ;
Qu'il fasse tout le bien que j'aurais voulu faire !
Qu'il voue à la patrie et son bras et son cœur,
Qu'armé pour elle seule il soit toujours vainqueur !

Le lendemain, Luce de Lancival recevait une pension de six mille francs, le titre de professeur d'éloquence à la Faculté des lettres et la promesse du premier fauteuil qui serait vacant à l'Académie française. Hélas ! les jours de cette faveur enivrante lui étaient comptés ; il n'eut pas même le temps de fatiguer l'envie. Le théâtre retentissait encore des applaudissements prodigués à son œuvre, et déjà le poëte heureux et triomphant s'inclinait vers la tombe, à quarante-quatre ans, à la fleur de l'âge, dans toute la force de son talent. Mais, avant de s'éteindre, il put encore écrire ou plutôt dicter, d'une voix défaillante, un éloquent discours latin, pour célébrer le mariage de l'empereur avec la petite-fille de Marie-Thérèse. Toute l'Université avait été appelée à concourir, et ce discours, auquel l'auteur aurait pu attacher pour insigne un crêpe de deuil, où la vivacité et l'éclat des couleurs attestaient encore une imagination pleine de jeunesse et de vie, ce discours fut jugé le meilleur et couronné. C'était le dernier chant, je veux dire le dernier effort du poëte mourant ; la belle médaille d'or qui en fut le prix, remise sur son lit de mort, entre ses mains amaigries par de longues douleurs, a été pieusement conservée, dans cette ville même, par un honorable magistrat qui a eu le bonheur, digne d'envie, de recueillir, comme l'un de ses plus proches parents (1), cette précieuse part de sa succession.

Vous excuserez, Messieurs, cette esquisse biographique, bien imparfaite, tracée un peu à la hâte et encore trop longue peut-être ; vous l'excuserez surtout, venant de moi, vous qui aimez les lettres et qui reportez les douces et calmes impressions qu'elles procurent à la source même où vous les avez puisées ; c'est un hommage parti du cœur que j'ai voulu rendre à Luce de Lancival, après quarante ans, dans sa propre patrie. D'autres et de plus dignes, parmi ses élèves chéris, achèveront cette œuvre ébauchée. Moi, depuis bien des années, j'ai placé dans le cabinet d'étude que j'ai laissé derrière moi, dans ce modeste sanctuaire où mon âme se recueille et médite, son portrait à côté de celui de mon père vénéré, et j'ai écrit au-dessous ces simples mots :

IL FUT MON MAÎTRE ET MON AMI.

(1) M. Lemor, vice-président du tribunal de Laon.

www.ingramcontent.com/pod-product-compliance
Lightning Source LLC
Chambersburg PA
CBHW060737280326
41933CB00013B/2677